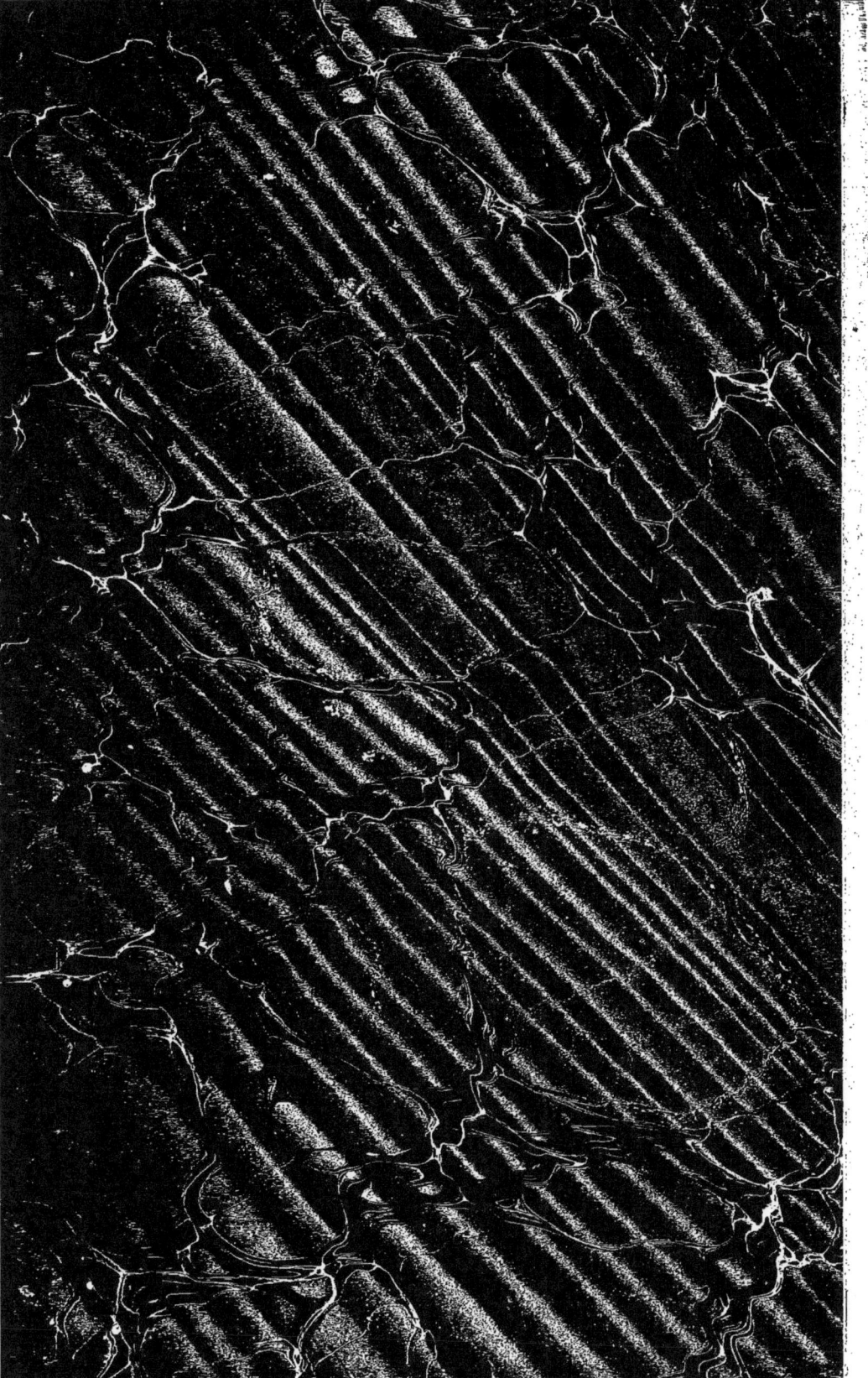

V 30749

V

C.

30749

DE

L'ARCHÉOLOGIE.

DE L'ARCHÉOLOGIE,

OPUSCULE

Qui est accompagné d'une Vignette; d'un Tableau synoptique de l'architecture religieuse, au moyen âge; de deux notices, l'une sur la Pierre-Folle, l'autre sur l'Église de Bournand, et de deux dessins qui représentent ces monuments :

PAR

M. ARNAULT-POIRIER,

MEMBRE TITULAIRE DE LA SOCIÉTÉ DES ANTIQUAIRES DE L'OUEST.

Loudun,
CHEZ BRUNEAU-ROSSIGNOL, IMPRIMEUR LIBRAIRE.

1845.

PROPRIÉTÉ.

DE L'ARCHÉOLOGIE.

> *Monuments admirables où se peignent, dans toute leur merveilleuse poésie, les idées et les sentiments du temps !!!*
> M. LAVALLÉE : *histoire des Français.*

J'étais occupé à lever le plan de l'église de Ste-Croix de Loudun ; un de mes amis, passant près de moi, m'aborda et me dit : que faites-vous donc là, mon très-cher camarade ? —— Vous le voyez, lui répondis-je, je prends des mesures pour rédiger le plan de ce monument, afin de l'adapter à la notice que je dois faire de l'antique collégiale de Ste-Croix, où l'on voyait, il y a cinquante ans, dix chanoines et trois hebdomadiers à modestes prébendes, qui s'étaient soustraits à la vie commune que leur avait imposée, vers le milieu du XIe siècle, leur bienfaiteur, Geoffroi-Martel, comte d'Anjou. ——

Mais, au fait, continua mon ami, à quoi bon ce labeur qui vous fatigue et qui vous prive d'un loisir que vous pourriez consacrer à des choses plus utiles ou du moins plus agréables ? —— Un moment, s'il vous plaît, notre digne ami ; vous avez besoin d'explications à ce sujet, je le vois : malgré votre esprit et votre instruction, vous n'êtes, permettez-moi l'expression, qu'un profane, en fait d'Archéologie. Pensez-vous qu'il soit indifférent de constater l'état des monuments publics, de signaler le goût et les procédés de l'architecture, aux diverses époques de l'histoire des peuples, et de faire ensuite des rapprochements qui démontrent les progrès de l'art chez ces mêmes peuples ? Et, pour nous fixer à un exemple qui est, en quelque sorte, là, sous nos yeux, comparez la galerie effroyable de la Pierre-Folle (*), œuvre indestructible de nos vénérables aïeux, les Celtes, au portail de l'église de Bournand, que l'on peut attribuer au roman du XIe siècle, et vous concevrez facilement que ce n'est point un vain travail que de décrire les monuments qui ont formé successivement les intermédiaires entre ces deux constructions qui appartiennent à des mœurs et à des civilisations si différentes. ——

Peut-être avez-vous raison. Cependant tous ces monuments doivent s'anéantir comme l'homme individuel et toutes ses œuvres. Après tout, quel profit peut revenir aux peuples de ces recherches savantes qui ne leur donnent ni de l'ouvrage, ni du pain, ni un bienaise quelconque ? ——

Ce que vous venez de dire n'est qu'un paradoxe, ou plutôt qu'une assertion sans valeur. Pensez-vous

---

(*) Ce monument, qui est situé dans la commune de Bournand, près de Loudun (Vienne), occupe un espace de 18 mètres de longueur sur 9 mètres de largeur. Voyez la notice qui est à la fin de cet ouvrage.

que l'histoire soit de quelque importance ? —— Oui, sans doute. —— Hé bien, l'étude consciencieuse des antiquités, en général, et des monuments, en particulier, peut jeter quelque lumière sur des faits historiques mal interprétés ou inaperçus : l'Histoire et l'Archéologie se prêtent des secours mutuels. Les *mémoires de la Société des Antiquaires de l'Ouest* offrent la preuve de ce que j'avance ici.

Maintenant, tombons dans une erreur volontaire : admettons, s'il est possible, que ce genre de travail n'ait aucune importance, qu'il n'offre aucun intérêt, qu'il soit même purement oiseux. Il faut pourtant remarquer que, dans les sciences, dans les arts, dans la littérature-même, on ne doit rien négliger : une assertion qui semble bizarre, peut, dans un autre temps, devenir une vérité ; un fait d'abord sans portée, peut conduire ensuite à une découverte précieuse. Et, en effet, Galvani était bien loin de prévoir qu'en écorchant des grenouilles pour faire le maigre bouillon de ses malades, il mît les savants sur la voie de la découverte la plus remarquable de la physique, découverte qui a fécondé la chimie et qui laisse encore espérer de précieux résultats. Qui aurait pensé que l'Iode insignifiant eût conduit M. Daguère à fixer sur une tablette de métal l'image produite dans la chambre-obcure ? Ce n'est point ici une découverte ; c'est l'œuvre du génie, c'est un résultat cherché, voulu, obtenu.

D'un autre côté, les nations policées offrent une classe de citoyens uniquement livrés aux travaux de l'esprit. Leur imagination si active a besoin d'un aliment substantiel qui la fixe toute entiere ; sans cela, peut-être tournerait-elle à mal. Cet aliment est un excellent moyen pour faire tomber le charme pernicieux de la plupart des romans de notre époque, pour tuer le désœuvrement qui enfante bien des vices, et pour donner de la plénitude à la vie qui toujours est trop courte pour l'homme studieux et trop longue pour l'homme oisif.

De toutes les occupations de l'esprit l'Archéologie est, sans doute, une de celles qui offrent l'attrait le plus puissant. Elle ne se borne pas à une simple description architectonique ; elle exige de la contention d'esprit et des connaissances précises en histoire, pour faire des comparaisons, des rapprochements, et pour déterminer l'âge des monuments.

Bien plus, ces pierres entassées symétriquement et avec soin consacrent des souvenirs que l'on peut traduire : ce sont des hiéroglyphes qu'il faut interpréter, des logogriphes dont il faut trouver le mot. Une pensée soit politique, soit religieuse se trouve dans les monuments de chaque époque ; et lorsque l'on a suffisamment étudié un monument, on peut non seulement en déterminer l'âge, mais encore dévoiler la pensée qui l'a fait construire. Pour beaucoup de personnes, ces pierres ne sont que muettes ; cependant M. Petit-Radet, en les fesant parler, a trouvé la certitude historique des villes primitives de la Grèce.

Si les anciens philosophes trouvaient du plaisir à résoudre les questions difficiles qu'ils s'envoyaient, comme défi, les uns aux autres ; si Boileau et Voltaire aimaient à se délasser dans la fabrique d'énigmes, de charades et de logogriphes, pensez-vous que l'archéologue reste sans jouissance intellectuelle, lorsqu'il a découvert la pensée que masquent les pierres d'un monument? —— Si ce que vous dites est vrai, et je dois le croire, je suis presque rendu à votre doctrine. Mais achevez l'œuvre de la conversion. —— Volontiers.

D'abord, il ne faut pas croire que l'antiquité se soit conduite d'après les principes que nous suivons, depuis ce que l'on appelle la *renaissance*, surtout dans la construction des monuments publics. Non seulement chaque nation, mais encore chaque époque eut un principe unique, conséquence de ses mœurs actuelles. L'architecture n'était pas confiée, comme de nos jours, à l'industrie, à la spéculation et souvent à des mains inhabiles. Chaque peuple, chaque époque aussi avait son école propre, son école normale, dont les élèves façonnés à la même règle, imbus du même principe, construisaient les monuments d'après la même pensée.

Ensuite, dans le moyen âge, où l'instruction était, en quelque sorte, la propriété exclusive du Clergé, les laïques, presque entièrement abandonnés à l'ignorance, ne pouvaient guère être propres à devenir des Vignoles. Les moines seuls étaient des architectes; leur pensée était une, et tous les monuments dont ils étaient appelés à diriger la construction, s'élevaient à-peu-près sur le même plan et exprimaient la même pensée. Ils ne s'en éloignaient que d'après l'exigence des localités et des

ressources pécuniaires. Aussi « c'est au moyen-âge
» que le pays se couvre de châteaux et d'églises,
» monuments admirables où se peignent, dans toute
» leur merveilleuse poésie, les idées et les senti-
» ments du temps. » (*)

Pour compléter ce système que je hasarde, je
vais faire quelques observations parallèles sur l'histoire des peuples et sur les monuments publics des
diverses époques. Et, pour ne pas embrasser un
vaste sujet qui serait disproportionné à mes forces,
je me bornerai à de simples aperçus sur les Grecs,
sur les Romains et sur les Français. Les autres
peuples ont dû opérer d'une manière analogue, dumoins c'est une probabilité qui m'est favorable.

LES GRECS. (**)

Les Grecs, favorisés des dieux, avaient puisé
leurs connaissances chez les peuples de l'Orient,
d'où les voyageurs leur apportèrent, tout à la fois,
des lumières et des erreurs. Chez eux l'intelligence,
entièrement libre, pouvait, sans obstacles, déplo-

(*) M. LAVALLÉE : *histoire des Français.*

Il y avait en France, au XVe siècle, 30419 églises curiales, 18537 chapelles, 420 cathédrales, 2872 abbayes ou prieurés, 931 mala-dreries. Les places d'armes, les châteaux et les habitations fortifiées étaient innombrables et formaient en quelque sorte les nœuds d'un réseau féodal d'où le peuple n'a pu se dégager que par une lutte opi-niâtre et toujours sanglante.

(**) Graiis ingenium, Graiis dedit ore rotundo
Musa loqui, præter laudem nullius avaris.
      Horat. de arte poetica. V. 367, 368.

yer ses ressources. Tous les hommes y avaient un droit égal à la connaissance et à la publication de la vérité.

Sans doute, c'est à une conjoncture si favorable qu'ils ont dû leurs succès dans toutes les parties des connaissances humaines. Un sens droit, une logique puissante, une imagination féconde et brillante leur avaient fait découvrir, de bonne heure, le principe invariable du goût. La colonne corinthienne, qui en est l'expression, a conservé, malgré tout, ses formes élégantes et ses proportions harmonieuses.

Leur civilisation devait être très-développée ; et ce qui le prouve, c'est le grand nombre des hommes célèbres qui ont fait leur gloire. Le nom seul de Périclès rappelle tout ce qu'il y a de grand dans les sciences, dans la littérature et dans les arts.

On les peints comme légers et frivoles, mais aussi comme pleins d'esprit et d'adresse. Athènes était la patrie du goût, des arts, de l'éloquence et du courage. Corinthe se faisait remarquer par sa richesse en métaux et en chefs-d'œuvre de tout genre.

Cet état des mœurs, cette parfaite civilisation se sont communiqués aux monuments publics qui, dans leurs débris mêmes, révèlent ce que furent autrefois les Grecs. C'est dans la colonne que l'on trouve, chez eux, le type de l'ornementation. Primitivement, ils ne connaissaient que deux ordres :

I. LE DORIQUE, le plus ancien de l'architecture, l'ordre par excellence, consacré aux divinités robustes. Il prit, dit-on, son nom de la Doride où il fut inventé, ou de Dorus, roi d'Achaïe, qui le premier fit bâtir, à Argos, un temple de cet ordre. C'est sur ce type que, quelques années après la bataille de Salamine, Cimon fit construire à Athènes le temple de Thésée; que Périclès fit élever les Propylées ou vestibules de la citadelle; que le Parthénon fut dédié à Minerve.

II. Le Corinthien, du nom de Corinthe où il fut inventé. Il est délicat et propre seulement aux édifices consacrés aux vierges et aux divinités agréables.

L'Ionique est un ordre moyen entre les deux précédents. Il est de l'invention des Ioniens; il convient aussi aux édifices consacrés aux femmes et aux divinités agréables. On lui donne pour étymologie le nom d'Ion, chef d'une colonie envoyée en Asie par les Athéniens, lequel fit bâtir à Éphèse, ville de Carie, trois temples de cet ordre à Diane, à Apollon et à Bacchus. Le temple de la Victoire à Athènes appartient à l'ionique.

Je pense que ce n'est pas une témérité d'avancer que, chez les Grecs, les mœurs et la civilisation ont façonné les monuments publics; de même que l'on peut, à la vue de ces monuments, dévoiler l'état des mœurs, à l'époque où on les fit construire.

Cette assertion trouve un puissant appui dans une phrase de M. De Châteaubriant. « Les Grecs, dit-il, » n'auraient pas plus aimé un temple égyptien à Athè- » nes, que les Égyptiens un temple grec à Memphis. »(*)

(*) *Génie du Christianisme*, IIe partie, liv. V, chapitre VIII.

LES ROMAINS.

Nous changeons de site et de mœurs. Les Romains, qui d'abord ne formaient qu'une faible association de brigands, devinrent ensuite un peuple sévère, grave et profond qui eut le sentiment de sa force. Ils étaient toujours en guerre, soit par le besoin de soumettre des contrées qui les avoisinaient et qui leur donnaient de l'inquiétude, soit par une conséquence nécessaire de leur constante maxime de ne faire la paix que vainqueurs. Ils se considéraient comme les enfants de Mars qui, pour eux, était le premier des dieux.

De là cet esprit de domination, cette rudesse de caractère, ce désir du triomphe et de ce qui est grand sous lesquels se ployèrent toutes les nations du monde connu. Et ces hommes de fer, si je puis dire, peu adonnés aux arts que dirige le goût, recherchaient, dans leurs monuments, bien plus la solidité et l'utilité politique propres seules à donner à la postérité une idée vraie de leur grandeur souveraine, qu'une futile élégance qui n'aurait pu résister aux ravages d'une centaine d'années. Quant à nous, qui semblons ne bâtir que pour la vie d'un seul homme, nous sommes étonnés de voir debout des établissements qui sont à peine vieux, après vingt siècles d'existence,

Les Romains avaient le bon esprit de s'approprier tout ce que, chez les nations voisines ou vaincues ils trouvaient à leur convenance. Les dieux étrangers même recevaient au Panthéon une noble hospitalité. Et leur esprit judicieux, toujours frappé du beau, leur fit adopter l'architecture grecque qu'ils associèrent à leurs édifices. Ils y ajoutèrent deux ordres :

I. Le Toscan, simple et massif, qui fut inventé par les Toscans, peuple d'Italie. Il doit son origine à d'anciens peuples de Lidie venus de l'Asie pour peupler la Toscane. Il est d'un caractère rustique et propre à décorer des monuments d'une grande simplicité, tels qu'une prison, un magasin, une forteresse.

II. Le Composite, qui est formé de l'ionique et du corinthien. Les Romains l'inventèrent pour l'arc de triomphe élevé en l'honneur de Titus, après la conquête de Jérusalem. Cet ordre est d'une extrême élégance.

Les principaux monuments de Rome sont :

I. Le Panthéon consacré par Agrippa à tous les dieux. Il offre tout ensemble de la simplicité et de la grandeur. Les colonnes y sont corinthiennes. Sa forme est circulaire et une vaste coupole le recouvre majestueusement.

II. Le Capitole, temple de Jupiter et palais du Sénat. C'était de là qu'était lancée la foudre qui devait détruire les nations.

III. Le Colysée, monument admirable qui atteste la puissance romaine, sous les Césars. Des colonnes de tous les ordres s'élèvent, les unes au-dessus des autres, sur une courbe circulaire, pour supporter trois rangs de portiques. « C'était là que combat-

» taient, dans les jours des fêtes romaines, les gla-
» diateurs, les martyrs et les esclaves; c'était là
» qu'on entendait à la fois les rugissements des
» lions, les soupirs des mourants, la voix des bour-
» reaux et les applaudissements de cent mille oisifs
» de Rome. » (*)

Probablement, les Romains avaient leur architecture locale qui était une conséquence de leurs mœurs toutes guerrières. Quand ils ont voulu s'enrichir de l'art des Grecs, leurs essais ont dû se ressentir de l'art primitif chez eux et raccourcir la colonne svelte de leurs maîtres. Les trois temples de Pœstum sont peut-être un exemple des monuments de ce genre.

Le Panthéon, le Capitole et le Colysée ont bien la majesté, la puissance des Romains; mais leur architecture, leur ornementation sont imitées des Grecs. Néanmoins on ne peut se défendre de les attribuer au peuple, roi de l'univers.

LES FRANÇAIS
Avant l'an 1000.

La Gaule avait son architecture particulière, ou plutôt elle n'en avait pas du tout. Les Druides y entretenaient, à leur profit, l'ignorance du peuple qui était en proie à la superstition et à la crédulité; et il y a nécessairement absence de l'art, partout où règne l'ignorance. Les seuls monuments

---

(*) Dupaty : *lettres sur l'Italie.*

que nous aient laissés les premiers habitants de la France, les Celtes, se réduisent aux *pierres levées* que l'on a gratifiées de l'épithète de *celtiques*.

On a fait, sur ces constructions primitives et grossières, un grand nombre de systèmes qui ont eu plus ou moins de vogue, mais qui ont toujours cédé leur place aux systèmes subséquents. On a vu là des Druides prédicateurs d'une sage morale et en même temps sacrificateurs de victimes humaines. C'était la conséquence du défaut de documents historiques et plus encore de l'odieux qu'il fallait déverser sur une religion tenace que l'on voulait détruire, au profit des dieux du Panthéon.

Je m'abstiendrai de rapporter ici les raisons qui m'ont déterminé à faire aussi un système, et je me bornerai à déclarer que, dans ma conviction, toutes ces diverses espèces de pierres ne sont autre chose que des *monuments commémoratifs*, hiéroglyphes qui masquent des faits historiques. (*)

A-peu-près six siècles avant la naissance de Jésus-Christ, des colonies helléniques s'étant fixées sur les côtes méridionales de la Gaule, y apportèrent la civilisation, les arts et le commerce. Les mœurs s'améliorèrent et des monuments furent construits avec l'ornementation des artistes d'Athènes. Mais comme les communications étaient, en quelque sorte, nulles à cette époque, le midi profita seul de sa nouvelle richesse de civilisation, et le reste de la Gaule persévéra dans son ignorance chérie.

(*) Voyez les *mémoires de la Société des Antiquaires de l'Ouest*, année 1837.

Quarante-six ans avant la naissance de J.-C., Jules César entreprit la conquête de la Gaule qu'il soumit, après une lutte opiniâtre de près de dix années. Les Romains dotèrent les Celtes de mœurs nouvelles, d'une civilisation avancée et du régime municipal qui mit l'ordre et la justice à la place du désordre et du droit du plus fort. Ils couvrirent le sol de routes, de monuments et de *villas*.

La Gaule abandonna ses vieilles mœurs, se fit romaine et construisit des monuments à l'instar de ceux de ses vainqueurs. (*) Si l'histoire avait gardé le silence sur la conquête de César, les souvenirs que les Romains y ont laissés, diraient néanmoins que le peuple roi a régné sur ces contrées autrefois barbares.

Mais bientôt cette civilisation importée par les Romains va se trouver entre deux barbaries. Des peuples du Nord envahissent l'Empire et se fixent dans quelques parties de la Gaule. Les Francs viennent à leur tour, en 420 ; ils culbutent, ils chassent les autres barbares leurs prédécesseurs, et ils finissent par s'emparer de toute la Gaule qui devient la France, du nom des guerriers commandés par Clovis.

La barbarie accompagnait ces masses conquérantes, qui, n'ayant d'autre règle que la force brutale, détruisaient les monuments, ruinaient les peuples et les soumettaient à une dure servitude. La civilisation disparut.

(*) Ce sont les monuments *gallo-romains*.

Sous la première race de nos rois, il n'y eut que troubles, que guerres, que violences : le droit du plus fort, c'était toute la loi ; la servitude, c'était la part unique du *manant* que l'on vendait avec la terre où il était né. A cette malheureuse époque, on ne savait ni lire ni écrire, le rois se laissaient gouverner par leur premier domestique, et les hommes de loi n'étaient que des gladiateurs. (*)

Les rois de la seconde race marchent sur les traces de leurs devanciers. La barbarie, l'ignorance, la misère persistent, malgré l'apparition de Charlemagne qui tente d'éclairer ses peuples, à la faveur des écoles qu'il établit dans cette vue. Bien plus, c'est sous cette dynastie que de nouveaux hommes du Nord commencent et continuent leurs ravages dans la France.

Pour surcroît de malheur, Charles Ier, dit le Chauve, eut la maladresse de rendre héréditaires les duchés, les marquisats et les comtés qui auparavant n'étaient que temporaires et personnels. Alors la féodalité s'organisa aux dépens de l'unité monarchique.

Quels monuments aurait-on pu construire, dans ces temps sans avenir que l'on a justement appelés le *siècle de fer ?* Les guerres et les barbares devant tout détruire, on ne construisait que provisoirement. Aussi reste-t-il bien peu de monuments qui soient antérieurs au Xe siècle. Ceux que l'on voit encore sont lourds, massifs et privés d'ornementation. La

---

(*) Félix Bodin : *résumé de l'histoire de France.*

colonne s'y réduit à un pilier cylindrique ou carré, trapu et dénué de chapiteau. L'entablement, qui est souvent sans architrave et sans frise, repose sur des modillons ciselés ou taillés en biseau. Tout cela se ressent du caractère de l'époque où l'homme semblait adhérer fortement à la terre.

(987) — 1000. ——— 1100.

Le peuple fut encore malheureux, pendant le XI° siècle, bien que cet espace temporaire fût rempli par les règnes *de Hugues Capet*, de Robert, de Henri Ier et de Philippe Ier, monarques qui gouvernèrent avec quelque sagesse. Mais Hugues avait encore donné de la force à la féodalité qui se plaisait dans la violence et dans les guerres privées, toujours désastreuses. (*)

La guerre était passée dans les habitudes de la nation ; les châteaux et les églises étaient travestis en forteresses, les maisons particulières même offraient des moyens de défense : la bataille était partout. C'est à cette époque que l'on fut obligé de recourir à la *trève de Dieu*, qui ne laissait le glaive oisif qu'un jour par semaine ; cela dit tout.

D'un autre côté, une plaisanterie de Philippe sur l'embonpoint de Guillaume le conquérant donna lieu à la triste rivalité armée qui a subsisté si longtemps entre la France et l'Angleterre.

(*) Hugues Capet n'a régné que de 987 à 996 ; cependant je l'ai placé dans la période 1000 — 1100, parce que son influence s'est fait ressentir plus particulièrement au XI° siècle. Un historien a fait remarquer, je crois, que ce prince était monté sur le trône avec la féodalité en croupe.

Heureusement le Christianisme se trouve là, comme médiateur, sans quoi l'espèce humaine se serait détruite elle-même. Avec sa pensée immuable, constamment sociale et conservatrice, il sauve les restes du sang français et il poursuit son œuvre de civilisation qu'il finira par completter, malgré toutes les oppositions.

La lassitude amène des temps meilleurs. Sous Henri 1er commencèrent les tournois où le désir de paraître avec goût et élégance produisit quelques améliorations dans les mœurs et dans les arts. Les faits d'armes des Normands de France en Italie fournirent un aliment aux récits du foyer domestique et purent donner de l'élévation à l'âme du peuple.

L'architecture reste toujours pesante, la ligne horizontale y domine. Dans les églises, les collatéraux hasardent de circuler autour du chœur. Les colonnes sont courtes, massives, quelquefois petites mais engagées dans les piliers; leurs chapiteaux sont ornés de bas-reliefs historiés. Dans l'entablement, on voit des moulures plates ou arrondies, de larges biseaux. Les modillons offrent des têtes d'hommes ou d'animaux. On touve, dans l'ornementation, des feuilles, des fruits, des volutes, des étoiles à quatre rayons, des chevrons, des méandres, des losanges, des billettes, des câbles, des torsades et des cases de damier. Les portes sont très-ornées et souvent surmontées d'une rose. Les fenêtres ont de petites dimensions. La façade est terminée par un pignon ou galbe.

1100 ——— 1200.

L'espace temporaire de 1100 à 1200 comprend la fin du règne de Philippe Ier, et les règnes de Louis VI, dit le Gros, de Louis VII, dit le Jeune, et de Philippe II, surnommé Auguste.

Cette époque est remarquable par les Croisades qui commencèrent en 1095, sous Philippe I, et qui ne se terminèrent que vers la fin du XIIIe siècle. Ces guerres lointaines débarrassèrent le peuple des féodaux qui l'accablaient ; elles activèrent l'imagination des hommes toujours avides de récits de batailles ; elles importèrent en France des idées orientales, des combinaisons ingénieuses, pour former des devises chevaleresques et des écussons hiéroglyphiques : c'est le règne des êtres et des formes fantastiques.

Louis le Gros commença l'affranchissement des communes qui purent désormais se défendre et protéger même la Royauté contre les seigneurs affaiblis ou ruinés, pour la plupart. Les mœurs changèrent, le peuple prit une autre attitude, il se tint de bout et leva la tête, et la liberté, qui ne faisait que de poindre, activa les arts, l'industrie, le commerce et mit à découvert une nouvelle source de prospérité. (*)

(*) L'origine de la commune est entièrement épiscopale ; ce furent les Évêques qui favorisèrent l'armement des serfs et des manans contre les féodaux, afin de maintenir la paix publique. — L'idée de commune et de paroisse fut intimement unie ; la bannière de l'église fut l'étendard de la liberté pour les serfs ; on se groupa autour de la mitre épiscopale. » M. Capefigue : *Hugues-Capet et la troisième race, jusqu'à Philippe-Auguste.*

Les ténèbres de l'ignorance commencèrent à se dissiper, à la faveur des écoles que l'on établit pour l'instruction de la jeunesse. Les Troubadours apparurent ; ils chantèrent la beauté, l'amour et la gloire, et ils firent naître le goût de la poésie.

C'est alors que s'établit la Chevalerie, « résumé » poétique de tous les sentiments et des idées de » ce temps, expression complette de la féodalité, » et qui a divinisé, chez les hommes du moyen » âge, l'amour et la valeur. » (*)

L'architecture veut s'élever aussi ; elle s'essaie à rejeter la ligne horizontale, pour mettre en évidence la ligne verticale qui semble s'adresser au Ciel. L'ogive vient se mêler au plein cintre. La colonne est plus svelte, elle est moins engagée, elle est souvent chargée d'ornements, et son chapiteau présente des bas-reliefs historiés, des feuilles fantastiques. L'entablement est plus riche, et ses modillons offrent des têtes grimaçantes. La porte, richement décorée, est garnie, sur ses pleins, de statues de grandes dimensions. La rose jetée sur un grand diamètre, a des meneaux rayonnants. Les bas-côtés circulent autour du chœur. Dans l'ornementation, on trouve des entrelacs, des enroulements, des dents de scie, des trèfles, des quatre-feuilles, des statuettes. Les cryptes, qui avaient pris beaucoup d'accroissement au Ve siècle, sont définitivement supprimées au XIIe.

**) Lavallée : *histoire des Français*.

1200. ———— 1300.

Le massacre des Albigeois et le supplice des Templiers déparent cette époque du XIII° siècle, qui cependant a du beau, par la victoire de Bovines, par l'établissement de nouvelles écoles, par une armée rendue permanente, au préjudice de la féodalité, et surtout par les sages institutions de S¹.-Louis.

Philippe IV fit entrer le tiers-état dans l'assemblée nationale qu'il convoqua, en 1230. Le peuple vit par là qu'il était quelque chose dans l'état, et dès lors il se livra à l'étude de l'économie politique.

L'espèce humaine marche vers la civilisation. Roger Bacon dévoile l'avenir des sciences physiques, jette un puissant appât au génie et incite les hommes à l'étude et à la méditation.

La chevalerie devient florissante et contribue pour beaucoup à polir les mœurs qui, avant elle, étaient pleines de rudesse.

Les croisés rentrent dans leurs châteaux restés long-temps sans défense; en apportant des idées nouvelles, ils préparent la renaissance des lumières.

Les arts utiles et le commerce font des progrès. L'architecture jette ses voûtes et ses arcades sur une nouvelle courbe et admet une ornementation plus riante et plus soignée. L'homme, qui n'adhère plus à la terre, connait sa dignité; il lève définitivement la tête.

Dans les monuments publics, on abandonne la ligne rampante et l'on s'élance suivant la ligne verticale qui dirige la pensée vers le Ciel. Les bas-côtés des églises s'arrondissent autour du chœur. Le jubé se montre. Les colonnes montent du pavé jusqu'aux voûtes qui se courbent sur l'ogive. Ces colonnes sont groupées autour des piliers, et leurs chapiteaux offrent des feuillages recourbés en volutes ou en crosses. L'ornementation est végétale ; elle prend pour sujets le chêne, la vigne, le lierre, la rose, la renoncule, le trèfle, le quatre-feuilles; elle se plaît à dessiner des dais, des pinacles, des statuettes. La porte est en ogive, en retraite, surmontée d'un fronton triangulaire ; ses voussures sont couvertes de petites figures en relief, de niches, de dais, de pinacles, d'aiguilles, de dentelles, de feuilles, de fleurs et de fruits. Les fenêtres sont étroites, souvent géminées dans une ogive.

1300 ———— 1400.

Les guerres presque continuelles qui eurent lieu pendant le XIV° siècle, furent un obstacle au développement de l'esprit humain. Néanmoins il y eut encore du progrès. Clémence Isaure établit à Toulouse les *jeux floraux*, célèbres concours littéraires, qui subsistent encore aujourd'hui, et où les prix des vainqueurs se réduisaient à trois fleurs d'or, l'églantine, le souci, la violette.

Cette époque à vu régner quatre Valois dont l'un seulement mérita le titre de sage. Elle fut tourmentée par une guerre incessante contre les Anglais, par des révoltes sanglantes, par des disettes affreuses et par la captivité de Jean le Bon, laquelle fut une calamité pour la France.

L'invention de la poudre à tirer change tout le système de la guerre et amène de nouveaux moyens d'attaque et de défense. L'architecture militaire dessine ses plans suivant l'exigence des armes à feu.

L'affranchissement des communes se poursuit dans les villes et même dans quelques campagnes.

Pourtant ce sont des années d'un fanatisme absurde, où les *flagellants* parcouraient les campagnes, en se fouettant jusqu'au sang, pour apaiser la colère céleste.

Le schisme d'occident amena aussi de graves désordres : plusieurs Papes qui furent, en même temps, les successeurs de Saint-Pierre, rendirent, pendant un instant, la Foi incertaine.

La démence de Charles VI mit le comble à ces misères.

Une chose remarquable, c'est que les états de 1355 consacrèrent ce principe constitutionnel, que le Roi n'avait pas le droit de lever des subsides, sans le consentement de la nation représentée par les états généraux.

Au milieu de cette confusion, l'esprit humain, qui était dans la bonne voie, marchait toujours en avant. Un napolitain fit la découverte de la boussole qui permit d'abandonner les côtes et de faire, sur mer, des voyages de long cours. Les universités se multiplièrent, et l'on traduisit en français quelques ouvrages latins qui avaient été conservés dans les monastères

Les architectes continuent les constructions religieuses dans le style ogival. Ils établissent des chapelles le long des bas-côtés. Les colonnes sont élancées, hardies, avec des chapiteaux ornés de feuilles recourbées en volutes. L'ornementation est riche de trèfles, de quatre-feuilles, de rosaces, de broderies, de dentelles, de fleurs, de feuillages. Les portes sont encore plus soignées qu'au siècle précédent ; elles ont un fronton aigu, découpé à jour et orné de crosses végétales. Les fenêtres sont ordinairement très-larges, relativement à leur hauteur ; et des meneaux qui les divisent verticalement en plusieurs parties, s'épanouissent en rosaces sur des formes circulaires.

1400 ——— 1550.

Jeanne d'Arc apparaît, elle fait naître l'exaltation guerrière ; son ignorance et son inspiration ont plus de puissance que la valeur des Dunois, des Lahire et des La Trémouille, et Charles VII reste vainqueur des Anglais et maître de la France.

Ce Roi est le premier qui ait établi définitivement une armée permanente.

En 1440, on invente l'imprimerie, époque mémorable dans les annales de l'esprit humain : les moyens d'instruction deviennent populaires et plus rapides.

Dans cette même période, on découvre l'art de graver sur bois et sur cuivre et la peinture à l'huile ; on fabrique du papier de linge, et l'on abandonne, pour l'écriture, le parchemin et le *papyrus ;* enfin, en 1492, l'Amérique est connue de l'Europe. Alors il se fait une révolution dans le génie et dans la politique des nations, et un commerce plus étendu développe les arts et l'industrie.

Dans ce temps si riche en découvertes, parut Louis XI, roi perfide et astucieux, qui sut se faire respecter au dehors, obéir au dedans, et qui ne termina ses guerres contre Charles le Téméraire que par la mort de ce duc de Bourgogne.

Charles VIII, sans consulter son incapacité, voulut aussi faire la guerre, pour satisfaire à la manie de l'époque. Sa légéreté et son imprudence lui firent perdre le royaume de Naples dont il s'était emparé.

Louis XII fut un bon roi : il fit florir les arts, l'industrie et le commerce, et il améliora le sort du peuple, malgré son amour des conquêtes et les guerres qu'il fit sans en retirer le moindre avantage.

François Ier, fesant compte sur son courage, porta également la guerre en Italie, mais ce fut bien plus qu'inutilement : l'affaire de Pavie le dit assez. Tout ce qu'il y gagna, ce furent le goût et la connaissance des beaux-arts. Il avait emmené avec lui, en France, Léonard de Vinci, célèbre peintre florentin.

Sous son règne, on fit des progrès dans toutes les parties des connaissances humaines. Il fonda le collége de France, l'imprimerie royale et la manufacture des Gobelins. C'est lui qui fit bâtir Fontainebleau et commencer le Louvre. Enfin il ordonna que l'on rédigeât en français les actes publics qui, avant lui, n'étaient rédigés qu'en latin. C'est dommage que, type des rois absolus, il soit l'inventeur de cette extravagante formule qui terminait les décisions royales : *car tel est notre plaisir*. (*)

C'est encore sous François Ier que parurent Luther et Calvin, propagateurs de la *prétendue* réforme religieuse. Ce fut un temps de controverse, d'affranchissement de la pensée et de l'intelligence, et de libre examen des doctrines religieuses et des institutions politiques. De là surgit une guerre civile qui s'est prolongée jusqu'au XVIIe siècle et qui a produit la corruption, la superstition, le cynisme, la débauche et le crime. (**)

L'architecture marche avec le progrès des lumières. L'ornementation semble avoir déjà dépassé la limite du beau local et mystique et s'échapper comme une flamme ondoyante qui cherche un aliment, ou comme la fumée légère qui tend à se confondre avec les nuages.

Les transsepts des églises sont larges. De nombreuses chapelles circulent autour du chœur. Les colonnes sont minces et réduites en tores ou en faibles nervures. Le chapiteau a disparu, en quelque sorte. L'ornementation est arrivée à des lignes tourmentées, flamboyantes, et à une végétation indigène et vulgaire. Elle aime encore les dais, les niches ; elle introduit les feuilles laciniées, frisées, tourmentées ; les formes anguleuses, prismatiques, et les festons trilobés. Les voûtes sont toujours ogi-

---

(*) M. Bellin de la Liborlière : *histoire élémentaire de la monarchie française*.

(**) Félix Bodin : *résumé de l'histoire de France*.

vales, mais elles offrent des nervures prismatiques, des écussons, des animaux symboliques à leurs intersections ; les clefs y forment des culs-de-lampe. La porte est surchargée de festons, de pinacles, de dentelles ; elle est quelque fois rectangulaire, quelque fois elle a des panneaux de chaque côté. Elle est remarquable par son fronton pyramidal. Les fenêtres ont une largeur qui excède la moitié de leur hauteur. Elles ont des meneaux flamboyants ; leur arcade est souvent en doucine ou en accolade, avec des feuilles frisées.

Ici se termine la belle et noble existence des constructions ogivales. Nous sommes parvenus au siècle de la *renaissance* dans les lettres et dans l'architecture : c'est ce que l'on appelle le *retour au classique*. On remplace la simplicité qui regnait dans les édifices et dans les ameublements, par une recherche et une élégance qui n'avaient point d'antécédents en France.

Alors les monuments publics et même les constructions privées perdent leur caractère propre, leur interprétation des mœurs générales. En France, les monuments deviennent grecs ; le chapiteau corinthien remplace le chapiteau à corbeille historiée ou végétale, et l'acanthe gracieuse chasse la feuille indigène. Et ce système subsiste encore de nos jours où l'on porte le bizarre jusqu'à faire tout à la fois de la littérature romantique, du plein cintre et des courbes ogivales, ne sachant plus que faire.

Ce qui annonce suffisamment que l'homme d'aujourd'hui n'a plus de stabilité dans sa foi religieuse, qu'il s'est fourvoyé dans ses combinaisons politiques, qu'il n'est plus soumis à l'influence de mœurs générales et qu'il est tombé dans le vague qui enfante les révolutions.

Néanmoins je suis bien éloigné de penser que cet homme d'aujourd'hui soit de moindre valeur que l'homme d'autrefois : L'ordre social est appuyé sur des bases qui semblent garantir au peuple l'aisance et le bonheur ; il y a du progrès, il y a des améliorations en tout, à l'exception des monuments publics qui restent sans expression, puisqu'ils ne sont plus commandés par des mœurs générales ni par une conviction profonde.

Désormais aucune pensée n'est imposée à l'Architecture, qui est libre dans ses caprices, dans ses inspirations. Favorisée par les acquisitions des sciences et dirigée uniquement par son goût qu'elle a puisé aux sources du beau, elle peut encore produire des chefs-d'œuvre dans la construction des monuments publics. Toujours est-il que ces monuments seront à-peu-près les mêmes à Paris, à Londres, à Vienne, à Pétersbourg...... Sous ce rapport, l'esprit national n'a plus d'entraînement.

Pardon, mon digne ami, si je vous ai fatigué par cette longue narration dépourvue de charme et de couleur. Un autre que moi aurait, sans doute, produit plus d'effet sur votre esprit si bien nourri de tout ce qu'il y a de bon, de beau dans ce que l'on appelle le classique ; mais...... ——— C'est assez, mon très-cher camarade, ce que vous m'avez dit, me suffit ; je suis converti. Prêtez-moi des

livres, je veux devenir archéologue. ——— Puisqu'il en est ainsi, je vais vous confier ce petit volume qui porte le titre d'*essai sur l'architecture religieuse du moyen âge, particulièrement en France*. C'est mon *veni mecum*. Lisez-le avec attention : bien qu'il ne comprenne que quelques petites pages, il est plein cependant d'une science profonde et d'aperçus lumineux qui ne laissent rien à désirer. Ensuite vous pourrez étudier les ouvrages archéologiques de MM. P. Mérimée et de Caumont. Dans quelques jours, je vous remettrai un tableau synoptique des parties principales des monuments religieux avec les caractères qui les distinguent, aux diverses époques du moyen âge. Adieu. ———
Adieu. Au plaisir de nous revoir.

       Arnault-Poirier, de Loudun.

Juillet 1844.

ADDITION
AU TABLEAU SYNOPTIQUE.

Les constructions soit militaires soit civiles étaient soumises à la loi commune imposée par l'architecture religieuse : car, dans l'antiquité et principalement dans le moyen âge, la Religion était la pensée de tous les cœurs, le besoin, la vie de la société humaine. Les voûtes, les arcades, les portes, les fenêtres, l'ornementation tout entière étaient à-peu-près les mêmes que dans les églises. Il ne pouvait y avoir d'autres exceptions que celles qui étaient commandées par la destination particulière des monuments.

Les temples étaient ouverts aux fidèles, à toutes les heures du jour : c'étaient des asiles de paix, de recueillement et de consolation. Ils ne prirent l'apparence de forteresses qu'à l'affreuse époque des guerres civiles.

Les châteaux, au contraire, qui, dans l'origine, n'étaient que des constructions guerrières, devaient avoir pour but principal de combiner les moyens de défense nécessités par les armes employées à chaque époque. Aussi y voyait-on des murs d'enceinte première avec leurs douves larges et profondes, des murs du fort proprement dit, des ponts-levis avec leurs herses martiales, des tours protectrices de ces murs, des meurtrières, des mangonneaux, des créneaux et des machicoulis.

Les maisons bourgeoises même empruntaient leur ornementation des monuments publics ; on y cherchait la commodité et la sûreté. Dans les temps où la royauté n'avait aucune énergie, chacun était chez soi comme dans une petite forteresse : les portes étaient toujours closes et les fenêtres, étroites et très élevées au-dessus du sol. A mesure que le gouvernement a pris de la force et que l'unité monarchique s'est formée aux dépens de l'esprit de localité, la sécurité est venue en aide au peuple, qui n'a plus craint de laisser ses portes ouvertes et de percer ses fenêtres près du sol.

C'est surtout dans les maisons en bois que l'on rencontre une ornementation caractérisant une époque archéologique. Ces constructions en bois ont été en usage bien avant le Xe siècle. On en trouve encore en France un assez grand nombre qui datent des quatre derniers siècles, et dont quelques-unes offrent des façades à pignon qui sont assez remarquables.

LA PIERRE-FOLLE
Vue du Coté du Nord

LA PIERRE-FOLLE.

Rudis, indigestaque moles.
OVIDE.

Cette construction gigantesque est une espèce de galerie couverte ou de grotte aux Fées, qui se trouve dans la cour même de la maison connue sous le nom de Pierre-Folle, commune de Bournand, arrondissement de Loudun (Vienne.) C'est le monument celtique le plus considérable de cet arrondissement qui en offre un grand nombre, et peut-être de toute la France, sans en excepter l'Armorique. Il occupe une étendue de dix-huit mètres en longueur et de neuf mètres cinq décimètres en largeur, et il fait presque entièrement le côté au sud de la cour dont je viens de parler. Toutes les parties qui le constituent sont en pierre de grès. (*)

La table qui a conservé à-peu-près la position horizontale, est composée de quatre cailloux ou dalles dont l'épaisseur varie de cinq décimètres à un mètre. L'épaisseur des pierres de champ se trouve dans les limites trois décimètres, cinq décimètres, et leur hauteur est de deux mètres, terme moyen. Quelques-unes de ces pierres sont inclinées vers l'intérieur du monument.

(*) La localité n'offre pas de pierres de cette nature. Les matériaux de la Pierre-Folle ont dû être transportés là de fort loin, peut-être de la Butte de Cinais qui a l'apparence d'une carrière de dolmens?

D'après ce que m'ont dit quelques habitants de l'endroit même, cette galerie était plus élevée autrefois ; elle s'est un peu affaissée, principalement dans sa partie orientale qui a sa surface inférieure très-irrégulière, verruqueuse et offrant, dans plusieurs endroits, des proéminences que l'on pourrait considérer comme des *mamelons*, si elles étaient sur la face supérieure de la dalle. (*)

Je ne conçois pas quel pouvait être l'usage d'une pierre assez longue qui a la forme d'un parallèlipipède excavé dans sa face inférieure. Elle repose sur le sol du côté du nord, et elle s'appuie au midi sur deux petites pierres de champ. L'entrée du monument pouvait être du côté de l'orient où cette même pierre était sans doute debout, en forme de menhir.

Cette galerie si remarquable est envahie par un bûcher, un pressoir et un poulailler. D'un autre côté, presque toute la partie au midi est masquée par des décombres et par de mauvaises constructions en maçonnerie, et la partie au nord est coupée par une écurie. Il m'était donc impossible d'en saisir l'ensemble et, par suite, d'en faire un dessin parfaitement ressemblant : je me suis borné à un *effet présumé*.

Dans mon ouvrage sur les *pierres levées* de ma localité, j'ai fait remarquer que ces sortes de constructions se trouvaient ordinairement par groupes,

---

(*) On a prétendu que ces mamelons étaient des points sur lesquels les Druides sacrifiaient les victimes humaines qu'ils offraient à leurs dieux sanguinaires. Dans une autre circonstance, j'ai cherché à détruire cette inculpation qui me semble hasardée.

et que, pour chacun de ces mêmes groupes, il devait y avoir une métropole. D'après cela, il est probable qu'il subsistait plusieurs monuments de ce genre dans le voisinage de la Pierre-Folle. A cet égard, mes recherches ne m'ont fourni que le seul dolmen de la Petite-Croix, près des Coudreaux, commune de Roiffé.

M. Neveu, de Roiffé, instituteur aussi remarquable par sa modestie et sa bonne conduite que par son amour de l'étude et ses connaissances littéraires, a eu la bonté de me donner une *hache celtique* qu'il a trouvée dans le voisinage du monument qui fait l'objet de cette notice. Cette pierre qui est en jaspe, a huit centimètres de longueur, trois centimètres de plus grande largeur, et vingt-cinq millimètres d'épaisseur.

Ce sont les Fées qui ont bâti la Pierre-Folle, dumoins c'est la croyance des paysans qui ne sauraient voir là une œuvre des hommes ; et les pauvres fermiers qui habitent la maison où se trouve cette construction cyclopéenne, n'osent s'y introduire qu'à la clarté du jour ; il y aurait du danger à la fréquenter pendant l'obscurité. Aussi leur plus grand désir avait-il été d'abord que l'on fit disparaître cet assemblage de cailloux qui se trouve précisément en face et tout près de la porte de leur chambre, et qui était pour eux, disaient-ils, un sujet continuel de terreur. Mais la Société des Antiquaires de l'Ouest a donné quelque valeur à mon travail sur les monuments celtiques ; la curiosité des amateurs a été fortement piquée ; on s'est empressé d'aller voir la Pierre-Folle, et l'on y a laissé quelques pièces d'argent. Il en est résulté que les bons fermiers sont venus, certain jour, tout doucement me dire à l'oreille : *Monsieur, ne faites donc pas démolir la Pierre-Folle.*

> *Aurum per medios ire satellites,*
> *Et perrumpere amat saxa, potentius*
> *Ictu fulmineo.* HORATIUS.

Quant à la destination des établissements de ce genre, je ne crains pas de hasarder un paradoxe (*) : en me répétant, je dirai que les pierres levées et toutes les constructions qui s'y rapportent, ne sont autre chose que des *monuments commémoratifs*, hiéroglyphes qui masquent des faits historiques. Pour justifier cette assertion, je prends mon point d'appui dans le premier des ouvrages connus et authentiques, c'est-à-dire, dans le livre de l'Ancien Testament. On y voit qu'un usage était consacré, dans l'antiquité la plus reculée ; savoir, de conserver avec soin le souvenir des grands événements, par des autels, par des pierres dressées et par d'autres monuments durables.

Pour ne pas surcharger cette simple notice d'un grand nombre de citations qui trouveront mieux leur place ailleurs, je me bornerai au seul fait suivant, le quel me paraît décider la question.

Douze pierres furent enlevées du lit du Jourdain et placées à Galgala, vers le côté de l'Orient de

---

(*) Je ne crains pas non plus de dire, avec l'érudit et savant J.-H. Reveillé-Parise, que *le paradoxe est souvent le puits où s'est réfugiée la vérité.*
Études de l'homme dans l'état de santé et dans l'état de maladie

Jéricho, en commémoration du passage de ce fleuve. Et, à cette occasion, Josué dit aux enfants d'Israël : « quand vos enfants interrogeront un jour » leurs pères et leur diront : que veulent dire ces » pierres ? Vous le leur apprendrez, et vous leur » direz : Israël a passé à sec au travers du lit du » Jourdain, le Seigneur votre Dieu ayant séché les » eaux devant vous, jusqu'à ce que vous fussiez » passés. » (Josué Ch. IV, 20, 21....)

Dans un autre endroit relatif aussi au passage miraculeux du Jourdain, on lit des expressions que je dois signaler, les voici : « vous dresserez là au » Seigneur votre Dieu un autel de pierres que le » fer n'aura point touchées ; de pierres brutes et » non polies ; et vous offrirez sur cet autel des holocaustes au Seigneur votre Dieu. » (Deutéronome, Ch. XXVII, 5 et 6.)

Ces paroles sont remarquables, en ce qu'elles démontrent une analogie frappante entre le monument dressé en mémoire du passage du Jourdain et nos pierres levées dont les *matériaux bruts et non polis ne paraissent pas avoir été touchés par le fer.*

D'un autre côté, dans son rapport d'une excursion qu'il a faite au camp d'Abd-el-Kader, M. l'abbé Suchet parle d'une circonstance qui démontre avec la dernière évidence que cet usage des monuments commémoratifs s'est maintenu jusqu'à présent, chez des peuplades qui ont conservé leur ignorance primitive. Il dit que, parmi les Arabes de l'Algérie, l'histoire n'est écrite que dans le souvenir des hommes, et que, par une conséquence de cette tradition orale, ils avaient entassé de grosses pierres dans le lieu où s'était fait l'échange des prisonniers entr'eux et les français, afin de consacrer la mémoire de ce grand événement. (*)

Je ne puis mieux terminer cet article qu'en rapportant quelques paroles du plus éloquent des philosophes du XVIIIe siècle.

« Dans les siècles modernes, les hommes n'ont plus
» de prise les uns sur les autres que par la force et par
» l'intérêt ; au lieu que les anciens agissoient beaucoup
» plus par la persuasion, par les affections de l'âme,
» parce qu'ils ne négligeoient pas la langue des signes.
» Toutes les conventions se passoient avec solemnité
» pour les rendre plus inviolables : avant que la force
» fût établie, les Dieux étaient les magistrats du genre-
» humain ; c'est pardevant eux que les particuliers fai-
» soient leurs traités, leurs alliances, prononçoient
» leurs promesses ; la face de la terre étoit le livre où
» s'en conservoient les archives. Des rochers, des ar-
» bres, des monceaux de pierres consacrés par ces actes
» et rendus respectables aux hommes barbares, étoient
» les feuillets de ce livre ouvert sans cesse à tous les
» yeux. Le puits du serment, le puits du vivant et vo-
» yant, le vieux chêne démembré, le monceau du té-
» moin, voilà quels étoient les monuments grossiers,
» mais augustes, de la sainteté des contrats. Nul n'eût
» osé d'une main sacrilège attenter à ces monuments ;
» et la foi des hommes étoit plus assurée par la garantie
» de ces témoins muets, qu'elle ne l'est aujourd'hui par
» toute la vaine rigueur des loix. »   A.-P.

(*) Voyez le journal intitulé : *le Constitutionnel*, sup^t au 27 mars 1842.

St MARTIN DE BOURNAND

BOURNAND.

Miratur molem Æneas, magalia quondam.
ÉNÉIDE· I.

L'église de la commune de Bournand est sous le vocable de Saint-Martin, abbé de Vertou, près de Nantes. C'est un rectangle à chevet rectiligne et oriental dont la longueur est de vingt mètres sept décimètres ; la largeur, pour la nef, de sept mètres cinq décimètres, et, pour le chœur, de cinq mètres cinq décimètres, à-peu-près ; et les murs sont construits en moëllons et en pierres de taille de moyen appareil.

La nef est sans ornementation. Les ouvertures qui sont murées, annoncent qu'elle était éclairée par huit fenêtres ; mais il n'y en a plus maintenant que deux, l'une au nord, l'autre au midi. Leur hauteur est de trois fois leur largeur, et elles sont légèrement évasées à l'intérieur. Leur arcade est en plein cintre. Au-dessus du portail il y avait une fenêtre qui est murée et qui formait une ogive obtuse. De part et d'autre de l'extrémité orientale de cette partie de l'église, il y a une petite chapelle dont le cintre est ogival. L'archivolte de la chapelle au nord dessine un angle très-aigu qui porte sa pointe bien au-delà du sommet de l'ogive ; cette archivolte dont les côtés sont rectilignes et partent des impostes, est terminée par une croix et ornée extérieurement de feuilles en crochet. Cette petite chapelle semble appartenir au gothique.

Le chœur seul est voûté en plein cintre. Il est séparé de la nef par une arcade aussi en plein cintre qui retombe de chaque côté sur deux fragments de colonnes cylindriques sans chapiteaux et qui reposent eux-mêmes sur des culs-de-lampe. Un arceau qui se trouve vers la partie Est de la voûte, retombe de chaque côté sur deux colonnes cylindriques dont les chapiteaux sont imparfaits, au midi, et ornés, au nord, de palmes lancéolées. Ce chœur est éclairé au midi par une fenêtre dont la hauteur est double de la largeur. Du côté du nord, il y a une porte qui met le chœur en communication avec le clocher. Au-dessus de cette porte, il y a une fenêtre dont les pieds droits sont des colonnes cylindriques ayant des chapiteaux enveloppés dans une espèce de corselet dont les divisions supérieures se contournent en volutes.

Ce qu'il y a de plus remarquable dans ce monument, c'est le portail qui est à l'ouest et qui, par sa forme et par sa richesse d'ornementation, appartient au style roman fleuri. Il est en plein cintre et il forme une retraite. Ses diverses archivoltes concentriques s'appuient sur une corniche qui termine des piliers ou des avant-corps, dont le retour offrait, de chaque côté de la baie, une petite colonne qui ne subsiste plus et qui était terminée par un chapiteau formant un cône tronqué, renversé. Ces mêmes archivoltes sont au nombre de six ; il y en a deux d'historiées et représentant l'*agnus Dei*, le bon pasteur, un lion, des têtes grimaçantes, des êtres fantastiques, des dragons mordant leur encadrement circulaire, etc. Les autres représentent des palmes, des cordons roulés sur eux-mêmes en serpent et terminés par une pomme de pin ; des rosaces quatrefeuilles, des dents de scie, des têtes de clous ronds. La plate-bande de la corniche des avant-corps est ornée de postes avec fleurons. Une corniche, qui se trouve au-dessus du portail, est appuyée sur huit modillons dont sept seulement sont historiés, le huitième étant de construction moderne et sans ornements. Entre cette corniche et le portail, et de chaque côté, il y a une niche propre à recevoir une statue de petites dimensions.

Ce portail qui est d'un bel effet et qui caractérise une époque historique, est dans un très-mauvais état : plusieurs des bas-reliefs sont ou frustes ou détruits par le placement de nouveaux voussoirs. J'ai cherché dans le dessin à représenter tout-à-la-fois et ce qui subsiste encore et la place de ce qui a été détruit soit par le temps soit par les hommes. Il serait important de faire quelque dépense, si non pour restaurer, du moins pour conserver cette belle construction du moyen-âge, qui montre de l'art, malgré l'inperfection du dessin.

La tour est quadrangulaire ; elle est établie extérieurement à l'angle nord-est du chœur. Elle est percée, dans sa partie supérieure et sur chacune de ses faces, d'une fenêtre de plein cintre dont les pieds droits et l'archivolte ne sont qu'un même tore. Enfin elle est surmontée d'une pyramide en charpente qui est couverte en ardoises.

Les murs de la nef et du chœur sont consolidés par des piliers qui ne semblent qu'appliqués et qui n'ont que vingt-cinq centimètres de saillie. Les piliers buttants du clocher ont cinq décimètres de saillie.

La toiture a ses deux pentes au nord et au sud ; elle est couverte en tuiles plates.

Le plein cintre domine dans ce monument. Le portail, qui, comme je l'ai dit, appartient au roman fleuri, est probablement tout ce qui reste de la construction primitive : car le clocher est évidemment d'une époque postérieure, la petite chapelle au nord voudrait être gothique, et les moëllons qui se montrent dans les murs, s'associent fort mal avec la richesse de ce même portail.

L'église de St-Martin de Bournand, dépendait de l'abbaye de Saint-Maur, comme il résulte d'une chartre de Pierre II, évêque de Poitiers, datée du 2 juillet 1105. (*Recherches sur les cartulaires d'Anjou*, par M. Marchegay, page 185.)

ARNAULT-POIRIER.

Tableau Synoptique de l'Archéologie Religieuse, au moyen âge. (*)

Style.	Forme générale.	Appareil.	Ornementation.	Colonnes.	Entablement.	Fenêtres.	Portes.	Roses.	Arcades.	Voûtes.	Tours.	Contreforts.	Clochetons.
Roman primitif. 400 — 1000.	Simple rectangle, rarement à trois nefs, quelquefois en forme de croix, abside peu circulaire. Largeur quadruple relativement à la hauteur.	Petit. Pierres rabiques noyées dans le mortier. Moyen et grand. Souvent de briques.	Moulures en terre cuite, incrustées.	Énormes piliers cylindriques ou carrées, taillés en biseau. Voûtes, feuilles, fruits. Simple corniche avec des feuilles grossièrement imitées de l'antique.	Avec ou sans frise. Modillons sculptés en têtes d'hommes ou d'animaux.	En plein cintre, très étroites, avec une archivolte en pierres symétriques quelquefois séparées par des briques.	En plein cintre couronnée d'une fenêtre.		En plein cintre.	A l'abside seulement et aux bas-côtés, ou petits massifs de toute forme noyés dans le mortier.	Fort rares, quadrangulaires, couronnées d'un toit à double pente ou pyramidal. Ouvertes en plein cintre sans ornements.	Rares, mais très-simples.	Rares dans le style roman.
Secondaire. 1000 — 1100.	Comme précédent, quelquefois en Croix grecque. Chœur plus étangé. Bas côtés circulant autour du chœur. Chapelles quelquefois rayonnantes autour de la Façade. Façade encore circulaire ou rectangulaire. Façade en pignon. Apparaissent quelques tours carrées antérieures de quelques églises.	La même à peu près qu'au siècle précédent. Plus de cryptes.	Remarque le précédent avec plus de délicatesse et de fragment. Pierres en bas-relief sur de ronde bosse, étoiles, chevrons, zigzags, losanges, billettes, écailles, torsades, entrelacs, casse de diamants, etc.	Trapues, massives, taillées en groupes ou engagées dans les pilastres. Voûtes d'hommes ou d'animaux. Feuilles, fruits, volutes. Étoiles à quatre rayons. Modillons quelquefois soutenus par des animaux.	Moulures pleines ou arrondies, larges biseaux ; modillons à tête d'hommes ou d'animaux.	De moyenne grandeur, avec une archivolte concentrique, en retrait, ornée de zigzags, d'étoiles, de losanges, de têtes plates, et quelquefois par des colonnes.	Très ornées, souvent augmentées d'une rose, resserres concentriques en retraite, étoilées ou fleurdelysées, s'appuyant par les côtés.	D'un petit diamètre.	En plein cintre.	En plein cintre, quelques ogivales sur le fin à cheval, construites en maçonnerie avec des plates-bandes d'arcades sur les voûtes croisées.	Ordinairement carrées, parties de fenêtres à des ouvertures concentriques, construites et modifiées par des pyramides à quatre pans, plus de moulures d'arcades de rosaces à des oculoquires, ou par des tablelles, ou par des toits artistiques ; quelquefois sont octogonales.	Avec battants demi-circulaires.	
Tertiaire. 1100 — 1200.	La même à peu-près qu'au siècle précédent. Plus de cryptes.	Moyen fréquemment employé.	Plus soigné qu'au siècle précédent ; entrelacs, merveilleuses, etc., courbes, vigne végétal, torches, quatre feuilles, dents de scie, étoiles, ... riches de grandes dimensions. Pile fine, molures et prolongées des draperies. Broderies, bijoux.	Portails couverts de moulures. Chapiteaux d'une grande élégance, ornés d'ornements, historiés, à feuilles fantastiques. Fût grêle et délicat, comme engagé dans la muraille.	Corniche plus riche d'ornements, modifiant en ogive à têtes grimaçantes.	Élevées de contour, quelquefois en ogives ; colonnettes bas-reliefs.	Tantôt en plein cintre, tantôt en ogive, ayant pris tableau concentrées ou dirigées de part et d'autre à la maçonnerie.	D'un grand diamètre, avec des meneaux rayonnants ou dirigés de pointe en statue de grandes proportions.	Quelquefois en plein cintre, quelquefois en ogive.	Demi-cintrées et nouvelles en ogive. Presque toutes les églises de cette époque ont été voûtées.	Carrées, quelquefois octogonales. Flèches élevées. Arcades supportées par étage ; souvent une colonne centrale les divise en deux avantages sans ouvertures.		Octogones.
Ogival (**) primitif. 1200 — 1300. À LANCETTE.	Nefs. Bas côtés prolongés autour du chœur et garnis de chapelles. Chœur et quelquefois rectiligne. Apparition de piles. Rareté remarquable de la Façade, élancement de toute la construction.	Moyen. Plus de petit appareil taillé et retaillé, en arrête de poisson.	Délicatement ciselée : ivaires, vigétalés, vigne, chêne, lierre, aïde, violette, trèfle, quatre feuilles, guirlandes. Rosaces, roches, dais, pinacles, statues. Treilles et guivres trifoliées souvent en creux.	Minces, allongées, souvent réunies en faisceaux et dont la fin sont quelquefois divisées en parties égales par des anneaux. Elles s'élèvent de parei peu qu'aux voûtes. Chapiteau avec des feuilles rondes en volutes ou en crosses ; filets, Lozars, quatre courbes visibles.	Orné de feuilles ou tableaux et surmonté de rangées en pierres percées par des arcades. Avec trifoliées. Les totes grimaçantes y sont rares.	En ogive, doubles et allongées, avec des généreux dans une ogive qui en embrasse d'autres quelquefois divisées trois en trois ; avec un linteau de porté pas quatre petits rose quelquefois triomphe.	En ogive, surmonté d'un fronton triangulaire avec une garnis de magnifiques. Voussures concentriques, en retraite, presque toujours percées de daix, de nièbes, de pinacles, de dentelles, d'aiguilles, feuillés, de fleurs, détruits. Souvent partagée par un pilier. Parmi les quatre génies de rêves.	Avec de riches compartiments.	En ogive.	Opistale, élancées, en blecage ; les arceaux allant s'appuyer sur des meubles qui répètent la fenêtres.	Très élevées, percées d'ouvertures en lancette, sur les faces, et les arcanes entièrement de la flèche qui supporte par huit pans. Terminées à huit pans, la colonne centrale est proportionnée à des embellissements ; la nervure est primantique.	Carrée, plus ou moins saillante, les arceaux, les les roses, les lettres s'enrichissent en chocholates ou de pyramides et sont terminées par des octogonales ; servant de supports à des architectures.	Octogonés.
Secondaire. 1300 — 1400. RAYONNANT.	Chapelles latérales le long des bas côtés. Allongement de la chapelle terminale dédiée à la Vierge.		Comme au XIIIe siècle, mais avec plus de naïveté et un faire différent, bandeau ornement de feuilles indigènes.	Groupées, plus minces qu'au XIIIe siècle et se détachent moins du pilastre. Chapiteaux orné infundibuliformes, ornés de feuilles rentrechés en crosses et parfois de feuilles de vigne. Presque plus d'anneaux.	En ogive, plus larges qu'au siècle précédent, divisées par des meneaux verticaux avant et sont souvent très ornées, des trèfles, des quatre feuilles.	Plus soignées encore qu'au siècle précédent. Fronton ogive, divisée à jour, avec des crosses vicissimiles.			En ogive, moins élancée qu'au XIIIe siècle, avec des nervures peu raillantes, travaillées avec soin.	Ogivée, comme au XIIIe siècle, avec les nervures peu saillantes.	Très légères, avec une rampe au-dessus de la corniche, surmontées de flèches pyramidales, percées sur leurs faces de garnets ou ornés de feuilles en crosses ou de trilobés aux ouvertures. Creuses, merlinosés.		
Tertiaire. 1400 — 1650. FLAMBOYANT.	Comme au XIVe siècle. Larges transepts. Nombreuses chapelles rayonnent autour du monument.		Dessins contournés inculcaturés prismatiques. Feuillages frisés, bruns, en choux ; lignes horizontales, flamboyantes. Fortes angulaires, prismatiques. Trèfles et quatre feuilles très aïeux ; feuilles de chou, de thé, de chicorée, de houx, de mauve. Pinacles, tritons filolés.	Minces, réduites en tores ou cà baltes partes le nombre par piles. Chapiteaux en tube ou à feuillage très différentes. Leur longueur excède la largeur du pied. Parfois rêvés vers la moitié de la fer d'inclusion, kilos ou des enneaux compliqués. Flamboyantes. L'architecture est très mêlée aux feuilles frisées.	Minces, réduites en tores ou cà baltes partes le nombre par piles. Chapiteaux en tube ou à feuillage très différentes. Leur longueur excède la largeur du pied. Parfois rêvés vers la moitié de la fer d'inclusion, kilos ou des enneaux compliqués. Flamboyantes. L'architecture est très mêlée aux feuilles frisées.	Toujours en ogive mais le baies s'arrondit en une grande ogivale de meneaux, en dessins de montants, et couronnées. Leur frontons en forme d'aiguilles avec des meneaux d'as la voûte du pied coupe.	En ogive, ouvrir quelque étendue en caissades, rabaissant vers la terre.	Accores prismatiques s'étendent des terres colonnes. Ensuite, rabaissant symboliques sur meneaux, riches, pinacles, sédélites, statuettes.		A grandes divisions d'éléments, un fin siècle précédent, mais étant barré, mais d'une grande saillie, avec beaucoup de profondeur les clochetons sont entre les garnitures ornées de feuilles en crosses ou de trilobés aux ouvertures. Des bases octogonales sont terminées par une plateforme.	Pinacles simples, et chers, soignés. Arcs boutants ornés de feuillages.	Souvent réduits à la simple fronton faite de crosses végétales.
Renaissance.													

(*) J'ai rédigé ce tableau d'après les ouvrages de MM. Caumont, L. J. Bourassé..........
(**) M. P. Mérimée dit que l'ogive est un moyen et non un système.

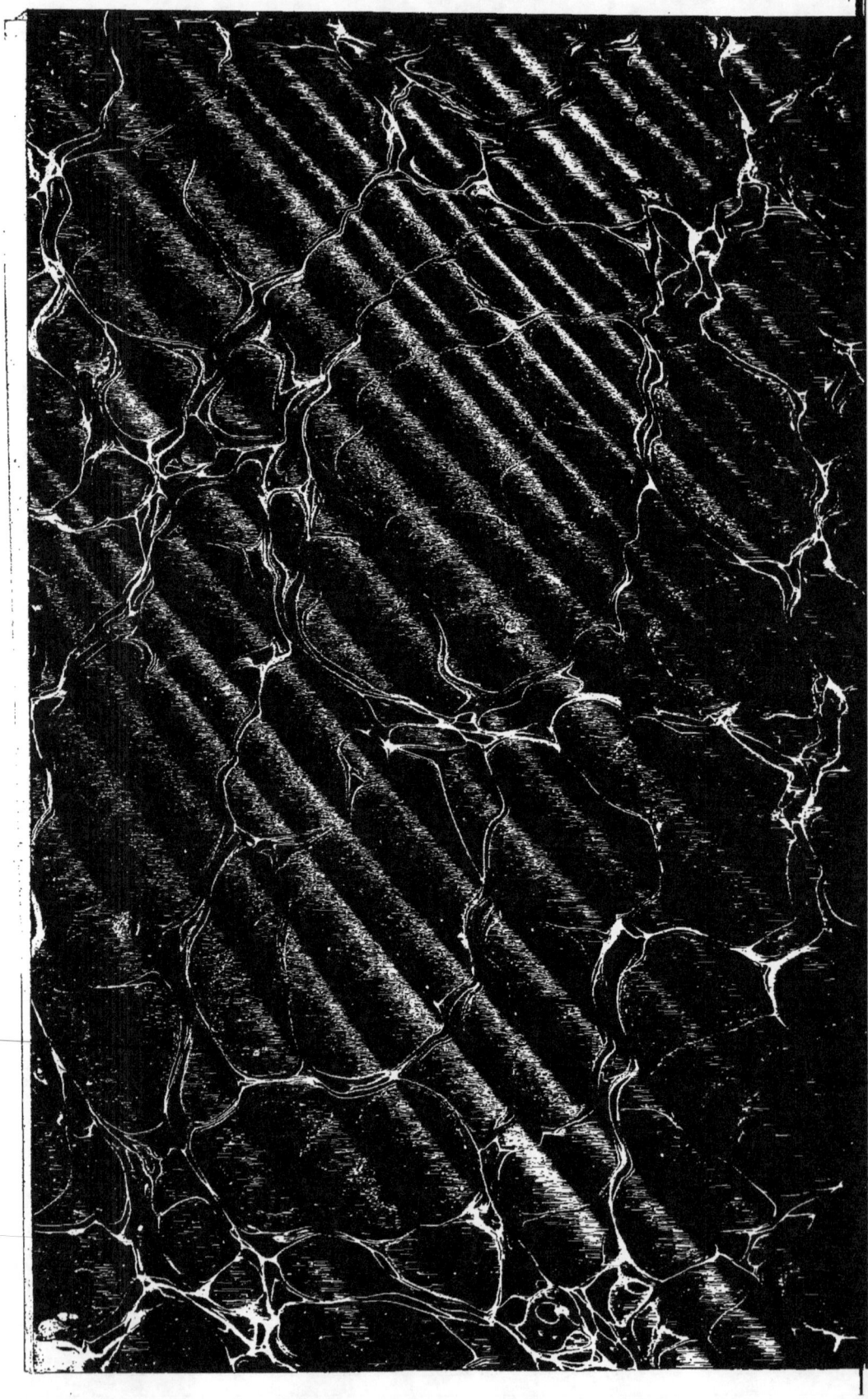

www.ingramcontent.com/pod-product-compliance
Lightning Source LLC
LaVergne TN
LVHW021734080426
835510LV00010B/1248

It's also my theory that when one parent abandons the children, particularly young children, on some subconscious level there's a fear that the other parent might abandon them as well.

Their mother, Gladys, a courageous, strong and capable woman, raised her family by managing a succession of Los Angeles boarding houses. She was the center of their lives and they were the center of hers, but she was physically undemonstrative, never hugging or kissing her children. The most she offered was a touch of her hand to their cheek. Gladys had been brought up in a convent boarding school in Kentucky, and her soft southern voice was never raised. Nevertheless, it was what *wasn't* said that held her children in check.

Polly Ann, oldest and most aware of her mother's struggles, became most like her and carried her mother's sense of pragmatism throughout her life. Sally was less than two years younger and she and Polly Ann were best friends. Sally had been her father's favorite and, as far as she was concerned, paid a hefty price for that in her relationship with her mother. Like her father, she said what she thought: not acceptable to Gladys's sense of civilized equanimity. At age four, younger brother Jack was allowed to go live with a wealthy, childless couple and although he was never formally adopted, grew up with the name of Jack Lindley. Georgiana, ten years younger than Loretta, was the only child of Gladys's second marriage to accountant and one time boarder George Belzer. After Gladys's second career as an interior decorator took off, and when she discovered that her second husband had been a womanizer like her first, she divorced him.

As children, Polly Ann and Sally shared everything; Loretta was a loner, living in her own little dream world. She would come to life if there was an opportunity to garner some attention. As Sally recalled, "She wouldn't do a thing to help around the house until she noticed one of the boarders watching, and then she worked her fanny off."

Georgiana was not as present in Loretta's later years. Even though she was just ten years younger than Loretta, she grew up in an entirely different world made possible by her working actress sisters. Also, during the years I knew her, she and husband, actor Ricardo Montalban, lived a busy social life of their own.

Polly Ann lived in a Spanish style home in West Los Angeles, a home previously occupied by singer Mel Torme. She never quite forgave him for a remodeling project that accommodated a pool table at the expense of the breakfast nook off the kitchen. Sally owned a fourplex in Beverly Hills and occupied the two top two-bedroom apartments. All three of the older sisters lived within fifteen minutes of each other.

One thing I had to get used to was the sisters constantly switched names for Loretta and Sally. Sally could be Sally, Bet or Betty Jane. Loretta could be Loretta, Gretchen or Gretch. Gretchen had been her birth name until First National Pictures' silent film star, Colleen Moore, suggested that they name their new contract player "Loretta" after one of her dolls from her famous doll collection.

When I related details of my early meetings with Loretta, a few of my gay pals wanted an in-depth description of her home and everything in it. I had been so focused on Loretta that my description of the house and furnishing failed their expectations by a wide margin. I promised that I'd do better in the weeks ahead.

Later I was able to provide the following: The outside of the house was a three story grey stucco structure with a mansard roof. It looked huge because it was so wide from end to end but when you got inside, you realized that it was like a movie set with very little depth.

There were three things to catch your attention in the foyer. First was a winding staircase with a pewter balustrade. The original builder and occupant of this house had been Sidney Guilaroff, head hairdresser at MGM (it was his decision to make Lucile Ball a redhead). Actresses Debbie Reynolds and Greer Garson gifted Guilaroff the staircase that came out of a Parisian home. It was used as the center point and the rest of the house built around it.

Second, a crystal chandelier hung from the second story through the stairwell and had once belonged to actress Constance Bennett. Years earlier, Loretta had bought Constance Bennett's home and then moved that chandelier from one subsequent home to the next until she settled on Ambassador Avenue.

Third was a Zebra rug. It was something that Loretta's mother had placed when she decorated the home in the late '60s, and now was showing wear. During the weeks before Christmas, there was a little box on a table in the foyer that said "Loretta's Zebra Fund." Loretta explained to me that her family never knew what to get her for Christmas so she put the little box out so they could contribute to replacing her zebra rug. Loretta had had the rug taken up one evening before she had guests but had inadvertently left the little box on the table. The next day she discovered a check from Gloria Stewart, wife of actor James Stewart. She had mistakenly thought that it was a "Save the Zebras Fund." Loretta returned the check.

There was a cloak closet off the foyer. When it was opened, little spot lights shined on two shelves, the top shelf holding Loretta's Best Actress Oscar and the second, her three Best Actress Emmys. Her mother considered displaying the awards gauche and this was her compromise.

The living room was long and narrow, probably fifty feet long and twenty across. A huge window in the rear wall showcased a hanging garden that made the room appear wider. A wading pool visible through double doors at the end of the room also created a perspective of space. There were several paintings, one of Loretta done in pointillism style. Her strategically placed Chinese pieces such as the Ming Dynasty horses situated on the fireplace mantle were sources of pride. Colors of whites, creams, and greens were carried throughout.